Von der Realität und anderen Illusionen

AF235164

Laura Lambert

Von der Realität und anderen Illusionen

Poesie

Bibliografische Information der Deutschen Nationalbibliothek:
Die Deutsche Nationalbibliothek verzeichnet diese Publikation in der Deutschen
Nationalbibliografie; detaillierte bibliografische Daten sind im Internet über http://
dnb.dnb.de abrufbar.

Herstellung und Verlag: BoD – Books on Demand, Norderstedt

ISBN: 9783756293193

Berlin
Du bist ein Wunder
Du bist meine Heimat
Überraschst mich
Tag für Tag
Mit deiner Vielfalt
Deinen Menschen
Die dich bewohnen
Dich zu dem machen
Was du bist
All deine Facetten
Und Fassaden
Manchmal hässlich
Und doch so schön
Du bist so bunt
So grau zugleich

Wenn man Menschen
Von Orten löst
Erkennen sie
Ihre eigene Identität
Ist es doch das
Was oft vorgelebt wird
Was man übernimmt
Das
Was von einem erwartet wird
Ist doch nicht das
Was man will
Doch wie kann man
Noch selbst entscheiden
Was es zu wissen gibt
Was es zu fühlen gibt
Sind wir doch immer
Energetisch gefangen
In dem
Was uns umgibt

Gedanken
Habe ich viele
Lässt sich doch auch
So vieles
Mit euch teilen
Kann man nicht erkennen
Wenn man
Immer die Schnauze hält
Muss es auch hinaustragen
In die Welt
Die einen
Als das erkennen soll
Was man ist

Energien umgeben dich stets
Die dich
In der Realität verankern
Die Realität
Die gar keine ist
Es gibt sie nicht
Sie ist nur eine Illusion
So
Wie alles andere im Leben
Alles kann erschaffen
Alles kann zerstört werden
Nichts ist echt
Alles ist echt

Wer sich
Von einem befreit
Verfängt sich
Im anderen
Sind immer
Irgendwelchen Gegebenheiten unterlegen
Können nicht frei sein
Auch wenn wir es sind
Sind nie richtig frei
Auch nicht als Kind
Immer Verpflichtung
Immer Sorge
Nur
Dass man sich benimmt
Wird alles
Für einen bestimmt

Worte sind Energie
Dürfen nicht unterschätzt werden
Halten doch Bücher
Auch so viele Worte
So viel Magie
Wenn man sie nur
Zu lesen
Und verstehen wagt

Alles hat einen Sinn
Wie man später feststellt
Nichts kann festgehalten werden
Was gehen will
Kann nichts aufhalten
Was kommen will
In dein Leben
In deine Gedanken
Hat dich etwas zu lehren
Dir etwas beizubringen
Etwas
Das dich weiterbringen wird
Auf deinem Weg

Meine Mutter sagt immer
Dass Häuser Seelen haben
Das Leid der Menschen tragen
Sich aussuchen
Wen sie in sich wohnen lassen
Die Seelen der Häuser
Werden geweckt
Wenn jemand Falsches
Darin wandelt
Nicht nur versteckt
Ist die Energie

Gedanken sind universell
Nicht individuell
Jemand Einzelnem gegeben
Sollen verstanden werden
Gemeinschaft bilden
Etwas zusammen zu erschaffen
Das größer ist
Als jemand Einzelnes

Ein Lächeln
Ist alles
Was es braucht
Um glücklich zu sein
Gesehen bei jemand anderem
Erfüllt es einem den Tag
Den man nun auch selbst
Lächelnd verbringt
Durch das geteilte Glück

Kann die Schönheit eines Menschen
An seinem Aussehen gemessen werden?
Nein
Denn nur die Seele
Beinhaltet die Informationen
Die es zu verstehen
Und wertzuschätzen gilt
Wenn alles seinen Lauf nimmt
Man sich kennenlernt
Und von jetzt auf gleich versteht

Die Welten
Die wir in Büchern
Zu entdecken vermögen
Sind nicht unsere
Müssen wir sie doch teilen
Mit Drachen und Monstern
Den bösen Gestalten
Die nichts Gutes
Zu verheißen haben
In der fantastischen Welt
In der wir uns wiederfinden

Von Welten getragen
Die es zu entdecken gilt
Vergessen wir oft
Das Hier und Jetzt
Lassen uns leiten
Dorthin
Wo wir hingehören
Vielleicht auch nur
Für einen Moment

Alles gelingt
Wenn man zugibt
Einen Fehler gemacht zu haben
Von vorne beginnt
Alles besser macht
Was man verbockt hat

Kinder kriegen
Ist nicht die Antwort
Auf fehlende Liebe
Nicht das Leben
Das man leben sollte
Wenn man einen Partner verloren hat
Sollte nicht das Kind herhalten müssen
Für den Vater
Den man verlassen hat
Ist doch nicht das Kind
Der Mann
Der ihn ersetzen kann
Erst recht nicht ein Mädchen
Kann doch kein Mann sein
Kann nicht sein
Was es nicht ist
Will es selbst sein
Nicht der Mann der Mutter
Die einen Fehler gemacht hat

Alle ihren Orten zugewandt
Können uns Dinge entgehen
Die für uns bestimmt sind
Sind nicht auf derselben Frequenz
Können nicht anziehen
Was wir nicht sind

Da
Wo Orte hässlicher sind
Sind die Menschen herzlicher
Halten mehr zusammen
Wissen
Was Gemeinschaft bedeutet
Wollen sich nicht abgrenzen
Von den anderen
Da alle
Auf derselben Stufe stehen
Sich direkt in die Augen sehen
Und zusammen tanzen

Zwischen Alt und Neu
Verstecken sich Wunder
Die es zu entdecken gilt
Gibt es
Doch so vieles zu sehen
In den Städten
In den Vororten
In den Ecken
Die sonst keiner kennt
Muss man nur rausgehen
Alles sehen
Und verstehen
Dass jeder Ort einzigartig ist

Wenn die Sonne runterkommt
Zur Erde
Sind alle verloren
Die kein Zuhause haben
Nicht wissen
Wo sie hinsollen
Keinen Unterschlupf haben
Unter all den Umständen
Leben müssen
Wie es gerade geht
Nicht so
Wie es sich lebt
Gehört doch Mut dazu
Jeden Tag zu kämpfen
Wenn man alleine ist
Niemanden mehr hat
Alles vergangen ist
Was einst war
Wird nie wiederkommen

Die Gedanken
Sie kommen
Und gehen
Dahin
Wo sie gebraucht werden
Können nicht gehalten werden
Ist nicht zu verstehen
Kann niemand sie sehen
Da sie zu schnell vergehen

Jeden Tag dankbar zu sein
Ist die Antwort
Auf die Frage
Wie man zu leben hat
Ist einem
Doch so viel gegeben
Muss man nur sehen
Was alles zu bedeuten hat
Ist alles so vorgesehen
Alles gut durchdacht
Um das Leben zu leben
Was für einen vorbestimmt ist

Ohne ihren Freund
Ist die Dame eine Herrin
Eine Macht ihrer Selbst
Kann alles entscheiden
Was sie will
Muss sich auf niemanden stützen
Steht alleine
Ist nicht einsam
Und auch nicht unglücklich
Nur froh
Ganz sie selbst sein zu dürfen
Lässt sich doch auch so
Ein wundervolles Leben leben
Ist doch auch schön
Wenn man alleine
Seine Zeit genießen kann
Ohne den Einfluss von anderen
Ihren eigenen Willen leben
Ist nicht lange gewesen
Bis sie endlich verstanden hat
Kann auch alleine sein
Ohne ihre Sorgen
Kann genießen
Und leben
So viel sie will
Ist alles so vorgesehen

Das Fernsehen
Macht mich krank
Hat es doch
Nichts Gutes zu bedeuten
Nur Verschiebung der Weltsicht
Nur Manipulation
Sollte die Finger
Davon gelassen werden
Auch von Filmen
Auf Netflix
Ist doch nicht gesund
Zu ‚bingen'
Seine Zeit zu verschwenden
Für nichts
Was von Bedeutung wäre
Nur Zeitverschwendung
In der Zeit
Die man nutzen könnte
Seine Träume zu leben

Sie kommen nie
Die unerfüllten Wünsche
Wenn man ihnen nicht nachgeht
Keine Eingeständnisse macht
An sich selbst
Was einem wichtig ist
Sich nur
Von anderen bestimmen lässt
Statt seinen eigenen Weg zu gehen

Mit Leichtigkeit leben
Ist etwas
Das viele nicht können
Sind sie doch gehalten
Am Alten
Können nicht loslassen
Sehen
Was gut für sie ist
Lassen es nicht zu
Was sein soll

Wenn der Körper schreit
Ich möchte doch geliebt werden
Nicht benutzt werden
Möchte keinen Sex haben
Nur die wahre Liebe
Die alles erstrahlen lässt
Ist klar
Was man loslassen muss
Die Menschen
Die einen
Nur benutzen wollen
Für das
Was man nicht bereit ist
Zu geben

Du bist nur kurz da
Auf der Reise
Die sich dein Leben nennt
Halte nicht an
An Altem
Lass Neues zu
Dein Leben fließen
Lass los
Bevor es schwer wird
Musst doch verstehen
Dass dein Leben
Genossen werden soll
In vollen Zügen
Nicht als Knecht gelebt
Dessen
Was damals passiert war
Keinen interessiert es
Nur dich
Bist gefangen
In der Vergangenheit
Wenn du nicht loslässt
Und endlich
Das zulässt
Was dein Leben
Dir zu bieten hat

Die Spuren der Nacht
Sie verwischen
Im Nichts
Kann niemand mehr sehen
Was sie einst gewesen
Kann niemand mehr sehen
Was geschehen
In der dunklen Nacht
Hast dich
Auf den Weg gemacht
Bist dahin gegangen
Wo du hingehörst
Kannst sehen
Was dir gehört
Niemand mehr da
Kann niemand mehr nehmen
Was gehört
Nur dir
Niemand verstehen
Warum
Es so lange anders war

Die Liebe finden wir
Wenn wir aufhören zu suchen
Läuft sie uns
Direkt über den Weg
Kann nicht gefunden werden
Von jenen
Die verzweifelt suchen
Nach dem
Was sie selbst nicht sind
Muss man doch erst selbst
Sein bestes Selbst werden
Zu dem werden
Was man haben will
Erst dann
Kann es gelingen

Wenn man vielleicht
Irgendwann
Hoch genug springt
Kann man das Ende erreichen
Dessen
Was man sich erträumt hat
Verloren im Kapitalismus
Ist man doch am Ertrinken
Kann nichts geschehen
Kann nicht gesehen werden
Im Meer der Menschen
Die auch alle ertrinken
So
Wie du selbst

Ich muss präsent sein
Darf mich nicht mehr verstecken
Muss zeigen
Wer ich bin
Damit es allen besser geht
Ich allen helfen kann
Sich weiterzuentwickeln
Und ich mich auch selbst
Muss sich alles verändern
Neues her
Darf das Alte gehen
Das uns nichts mehr nützt

In Büchern vergraben
Verbrachte ich meine Zeit
Nun schon so lange her
War neu
Alles neu
Was heute vergessen
Im Leben
Und lieben
Nun anders
Als bisher
Verging doch
So viel Zeit
Ein neuer Anfang
Musste her
Das Schreiben
Im Sinn
Nicht für den Gewinn
Nimmt alle Zeit ein
Wenn's stimmt
Die Leidenschaft groß
Die Seele so voll
Von Erfahrung
Und Leben
Ist alles gewollt
Soll fließen
Aufs Papier
Da
Wo es hingehört
Niemand der liest
Hier auch hingehört
Musst sehen
Und fühlen
Wie alles bestimmt
Niemand der sich
Das Leben nimmt

Das Leben
Im Kapitalismus
Das Leben so schwer
Müssen einfach nur
Neue Leser her

Meine Worte
Sind nicht besser
Als deine
Nur habe ich mehr Zeit
Damit zugebracht
Sie in die Welt zu tragen
Um Gehör zu finden
Im Gewusel der Stimmen
Die auch
Alle gehört werden wollen
Ist doch deine
Nicht weniger wert
Auch nicht mehr
Als meine
Sind wir gleich
Zwei liebende Seelen
Die sehen wollen
Wie Worte
Die Seelen der anderen
Heilen

Ich möchte doch geliebt werden
Für meine Seele
Nicht meinen Körper
Ist er noch so schön
Sagt doch nichts
Über mich aus
Wer ich wirklich bin
Will ich doch lieber
Geliebt werden
Für meinen Verstand
Käm' mir bei anderen
Doch auch
Nichts anderes
In den Sinn
Kann mich nicht geliebt fühlen
Für das Äußere
Macht doch auch
Wenig Sinn
Wenn ich doch immer
Nur in meinem Inneren bin
Ganz bei mir selbst
Ohne Böses im Sinn
Will auch dich sehen
So
Wie du bist
Nicht nackt
Nur deine Seele sehen
Wie du wirklich bist
Dich dann
Auch lieben zu können
Für was du bist
Und was nicht
Kann doch keiner
Das Leid ertragen
Sexualisiert zu werden

Für den eigenen Körper
Kein Sinn
Im Menschlichen
Müssen Menschen doch
Für ihr Inneres geliebt werden
Mehr noch
Von Herzen
Ganz und gar
Nichts Sexuelles
Könnte uns je
Glücklich machen
Muss doch
Die Liebe her
Die von Herzen kommt
Und alle umarmt
Von Herzen liebt
So viel gibt
Und nichts verlangt
Geben wir auch
In Güte
Alles
Was wir haben
Ja ganz
Und voll geliebt zu sein
Steht uns im Sinn
Wir wissen nur nicht
Wohin

Im Regen tanzen
Der die Sonne selbst ist
Erkennst du deinen Wert
Auch
Wenn er nicht
Zu scheinen vermag
Im Regen
Ist doch immer
So viel Sonne
In der Dunkelheit
So viel Weisheit
Und jeder
Nicht alle
Werden es sehen
Wer du bist
Und wozu du
In der Lage bist

Wenn alles den Bach runter geht
Gibt es kein entrinnen mehr
Für den
Der versucht
Alles festzuhalten
Muss losgelassen werden
Damit das Leben
Wieder fließen kann
Nicht angehalten
An das
Was uns
Zu entrinnen versucht

Wenn es einem
Jetzt besser geht
Als früher
Muss man auch nicht anhalten
An Altes
Was schon längst ausgedient hat
Lass das Alte los
Kommt das Neue schon
In dein Leben
Will sich ausbreiten
Dich erfüllen
Mit all seiner Gänze
Aber erst
Wenn du loslässt
Das
Was nicht mehr sein soll

Wenn Menschen
An Flüssen sitzen
Denken sie nach
Über ihr Leben
Das eine
Das sie haben
Das sie dankbar leben sollten
Tag für Tag
Ist es wichtig
Auch mal
In der Stille zu sitzen
Zu atmen
Und zu denken
Und zu überlegen
Wie es weitergehen soll
Was man noch alles erleben will
Nicht leicht zu entscheiden
Gibt es doch
So viele Möglichkeiten
Noch so viel zu sehen
Sollte man doch nie
Still sitzen
Immer wieder Neues ausprobieren
Glücklich sein
Und sich dies erlauben
So oft man kann
Erst dann kann man
Von einem glücklichen Leben sprechen
Wie es gelebt werden soll

Ich tippe euch an
Und dann
Sehen wir
Wie es weitergeht
Mit uns
Kommst du mit
Oder bleibst du stehen
Gibt doch
So viel zu sehen
In der Welt der Wunder
Nur sitzen
Soll man nicht zu lange
Nicht
Dass man das
Was man am meisten will
Verpasst

Die Leute
Die nicht teilen
Können nicht geben
Was fehlt
In der Welt
Die Verlierer
Und Gewinner sieht
Muss doch verstanden werden
Dass man nicht gewinnen kann
Wenn man nur nimmt
Muss doch auch
Von Herzen gegeben werden

Die tausend Schritte
Zum Glück
Sind vergebens
Wenn du nicht
Die Augen aufmachst
Und siehst
Was vor dir liegt

Die Liebe im Herzen
Stirbt nie
Wenn man sie
Beständig nährt
Sich nicht leiten lässt
Vom Bösen
Immer positiv bleibt
Sich nicht beeinflussen lässt
Von denen
Die unter einem stehen
Energetisch
Musst doch aufsteigen
Neue Höhen erklimmen
So schöne Aussichten sehen
Immer das tun
Wofür du bestimmt bist
Mit den Menschen
Die mit dir zusammen sein sollen
Und nicht denen
Die alles zerstören wollen
Was du dir erarbeitet hast

Wenn die Adventszeit kommt
Sind alle zufrieden
Die sich lieben
In Frieden dort
In den Häusern
Sehen den Schnee
Sehen die Kälte
Draußen dort
Wo sie hingehört
Sitzen sie drinnen
In der Hand ein Tee
Oder Kaffee
Der sie wärmt
Und umarmt
In Händen gehalten
Nur angehalten
Zu sehen
Was draußen
Ist geschehen

Mit Liebe im Herzen
Lässt sich vieles lösen
Vieles sehen
Was einst verborgen war
Muss man nur sehen
Verstehen
Dass es
Auf den eigenen Blickwinkel ankommt
Ob man es erkennt

Da
Wo die Menschen glücklich sind
Können sie sich geborgen fühlen
Sind nicht alleine
Können Zuversicht finden
Bei den Menschen
Die sie lieben
Mehr als sie denken
Kriegen sie doch alles
Ist nichts versteckt
Niemand
Der was nimmt
Keiner geht mehr weg
Kann jeder zufrieden sein
Nicht nur beliebt
Nicht mehr alleine
Niemand mehr beliebt

So anders
Ist man gar nicht
Wie man denkt
Kann doch genossen werden
Die Zeit mit anderen
Die auch gar nicht
So anders sind
Wie man vermutete
Muss man sich
Nur kennenlernen
Verstehen
Dass im Herzen
Alle gleich sind
Die sich lieben

Wenn man etwas können muss
Ist der Erfolg nicht weit
Sollte doch genossen werden
So viel zu lernen
Neues zu erfahren
Ist nicht schlimm
Wenn man mal Fehler macht
Muss doch gelernt werden
Wie es richtig geht

Neben dem Wasser leben
Ist schön
Muss man doch aber
Gefahren bergen
Nicht aufhören zu denken
Was passieren kann
An unsicheren Ufern
Nicht aufhören
Sich Gedanken zu machen
Um sicher zu sein
Dort
Wo man Zuhause ist

Versunken in der Welt
Von Büchern
Erkennen wir die Realität
Nicht so
Wie sie ist
Müssen von Neuem lernen
Was jeder kennt
Manche kennen es nicht
Die Realität
Die Ihresgleichen ist
Ist niemand mehr gefreit
Wenn keiner mehr sieht
Dass es
Auch andere Menschen gibt

Die Liebe im Herzen
Wird niemals gehen
Wenn man an Gott glaubt
Sich nicht leiten lässt
Von falschen Vorbildern
Immer
Auf seine innere Stimme hört
Und weiß
Dass jeder
Seinen Weg gehen muss

So will ich doch Hexe sein
Um eure inneren Dämonen
Zu heilen
Sollen nicht verweilen
In deiner Seele
Deinem Leben
Musst doch so viel
Liebe gehen
Kannst dich nicht
Mit solch niederen
Menschen rumschlagen
Die Welt kann nicht
Auf dein Licht warten

In der Ukraine
Soll Frieden sein
Lass uns unsere
Gedanken lenken
Auf das
Was uns glücklich macht
Nicht das
Was wir verhindern wollen
Den Krieg in Europa
Denkt an Frieden
Lasst Blumen sprießen
Dort
Wo sie hingehören
In euren Herzen
Euren Seelen
Ihr müsst leben
Und atmen
Und lachen
Euch keine Sorgen machen
Alles wird gut
Wenn wir unsere Gedanken lenken
Auf das
Was uns glücklich macht

Was
Wenn du einfach nur
Das tust
Was du liebst
Wird sich schon alles fügen
Muss nichts erzwungen werden
Nicht mal Liebe
Musst sehen
Was du gemacht hast
Den falschen Weg gegangen
Gehst jetzt den Richtigen
Wird nun alles einfach

Treptower Park
Viel zu spät entdeckt
Die Jahre vergingen
Warst du doch
Der Ort gewesen
Den ich gesucht hatte
Die ganze Zeit
Nur nicht gefunden
Mit deinen Feiern
Am Wochenende
Nun sind
Wir endlich vereint
Von jetzt auf ewig
Immer der Ort
Für die Freiheit
Vom Denken
Muss nichts mehr lenken
Kann genießen
Endlich ein Ort
Ohne Stress

Du wirst geliebt
Auch wenn
Du es nicht siehst
Gibt es doch immer
Menschen
Die helfen
Niemand
Der kommt
Will dir böse sein
Niemand hat Neid
Durch dein Gutes tun
Nur deine Fähigkeiten
Die anderen
Werden blass
Bleibt hier der Neid
Bleibt hier der Hass
Niemand der sagt
Dir wie es geht
Nur du selbst weißt
Wie man am Besten lebt

Ohne die Worte der Liebe
Ist die Liebe nicht real
Muss es doch gesprochen
Von ganzem Herzen gemeint werden
Die drei Worte
Die alles bedeuten
In der Welt der Wunder
Muss doch gesagt werden
Immer und immer wieder
Ich liebe dich
Ich liebe dich
Ich liebe dich

Die
Die es bereuen
Zu früh
Ihre Jungfräulichkeit verloren zu haben
Sind die Ersten
Die jene mobben
Die es nicht taten
Gibt es doch auch jene
Die zu früh heiraten
Zu früh Kinder kriegen
Den erstbesten Partner nehmen
Die es später bereuen
Nicht länger gewartet zu haben
Auf den
Der eigentlich
Für sie bestimmt war
Ist doch
Die Tragödie schlechthin

Tue das
Was dir Freude macht
Heute
Morgen
Ist es vielleicht zu spät
Muss ja nicht gleich der Tod
Sondern vielleicht
Nur die Gelegenheit
Das schöne Wetter sein
Dass es im Morgen
Nicht mehr gibt

Die Engel der Liebe
Sind überall
Beschützen dich
Auf Schritt und Tritt
Leiten dich dorthin
Wo du hingehörst
Zu dem Partner
Der nur
Für dich bestimmt
Wirst bald sehen
Wer es ist

Du bist dankbar
Für jeden Tag
Das sehen wir
Sehen
Wie du das Wetter liebst
Die Blätter im Herbst
Der Wind in deinen Haaren
Das Wasser
Das deine Füße berührt
Im Sommer vom Meer
Bist so viel mehr
Als du denkst
Bist gesund
Ein toller Mensch

Du hast es verdient
Glücklich zu sein
Du hast es verdient
Dein Leben
So zu leben
Wie du es willst
Du darfst alles tun
Und erleben
Wonach dir beliebt
Lass dich
Von niemandem zurückhalten
Du hast es verdient

Keine Liebe
Kein Zusammenhalt
Gibt es bei den Menschen
Musst es nur sehen
Wie sie einander hassen
Morde begehen
Alle sind einsam
Keiner mehr allein
Verlassen auf ewig
So soll es sein

Die Menschen
Sie bringen
Sich doch selber um
Alles
Was sie tun
Sind doch selber
So dumm
Sehen nicht
Was sie zerstören
Die Heimat gemeint
Wird sich alles verändern
Bald alle wieder vereint

Die Energie
Ist so niedrig
Auf dem gesamten Planeten
Muss es den ein
Oder anderen geben
Sich zu erheben
Aus der Masse herausstechen
Als das
Was sie sind
Die Engel des Guten
Sie helfen geschwind
Sie verändern die Erde
Sind für alle da
Kann jeder erkennen
Bald sind sie da
Die Kinder des Lichts
Sie helfen
So gut es geht
Sind hier nicht
Ohne Grund
Auch wenn's niemand versteht
Die Zukunft
Sie liegt
Allein in ihren Händen
Kann sie niemand aufhalten
Niemand bändigen
Sie helfen
Und lieben
Jedem einzelnen Menschen
Sind da
Wenn es brennt
Auch
Wenn niemand sie kennt
Die Zeit
Sie hat sich geändert

Werden gesehen
Nun
Von den Menschen
Wird sich alles erneuern
Verbessern
Zum Guten
So viel
Wie es geht
Wirst sehen
Das geht

Es gibt
Nicht immer viel zu sehen
In der Welt
Der Menschen
Nur im Geschehen
Kann alles untergehen
Was einem wichtig ist
Man nicht aufpasst
Was geschieht
Nicht verliebt
Nur verliebt
In die Momente
Des Scheins
Und der Liebe
Im Außen
Die es eigentlich
Gar nicht gibt
Man nur sieht
Von seinem Blickwinkel aus
So muss es gesehen werden

Menschen können Herzen heilen
Die sie nie gebrochen haben
Nie verstanden haben
Was passiert war
Braucht es nur
Die Zuversicht
Die Liebe im Herzen
Nicht das Wissen
Dass etwas nicht gerecht ist
Oder war
Muss alles besser werden
Wenn man endlich sieht
Die Menschen
Wie sie sind
Nicht
Wie man sie sieht

Es gibt vieles zu entdecken
In der Welt der Wunder
Nur verstecken
Sollte man sich nicht
Immer neue Aufgaben annehmen
So oft es geht
Etwas Neues ausprobieren
Keine Kompromisse eingehen
Sich nicht zurücknehmen
Für falsche Freunde
Die doch eh
Nur neidisch sind
Keinen siegen sehen wollen
Nicht wollen
Dass sie jemand
Übertrifft

Menschen lieben unterschiedlich
Nicht jeder versteht
Wie du Liebe definierst
Ist nicht immer
Etwas Romantisches
Kann auch Freundschaft
Und Nächstenliebe bedeuten
Ist doch so viel mehr
Liebe da
Wenn man nur
Die Augen aufmacht
Und auch wagt
Sie zu sehen

Illusionen des Seins
Beschreiben auch die Label
Die wir uns selbst geben
Aber auch jene
Mit denen andere
Uns beschreiben
Sind wir
Doch immer im Wandel
Können uns nicht festhalten
An Worten
Die uns zurückhalten
Uns nicht mehr beschreiben können
Sind wir
Doch schon so viel gewachsen
Müssen zurücklassen
Was wir einst waren
Und uns entwickeln
Immer besser werden
In dem
Was wir wirklich sind

Vieles
Wird erst mit Abstand verstanden
Kann nicht verstanden werden
Wenn man sich noch
In der Situation befindet
Erst wenn es vorbei ist
Der Staub sich gesetzt
Und man
Eine neue Sichtweise erlangt hat
Kann sich auch die Erkenntnis
Über die Situation einfinden
Und die Menschen sehen
Was wirklich
Einst geschehen ist

Glücklich sein
Hat nichts damit zu tun
Wie viele Menschen
Man in seinem Leben hat
Kann doch auch
Das Alleinsein erfüllen
Muss doch nicht
Immer Gespräch sein
Kann man sich doch auch
Mit sich selbst unterhalten
Versuchen
Alte Probleme zu lösen
Um endlich frei zu sein
Findet man dann doch
Auch neue Leute
Die viel besser zu dir passen
Deinem neuen Selbst
Als die Alten
Es je hätten

Liebe und Glück
Sind nicht immer verbunden
Kann man sowohl
Das eine
Als auch
Das andere haben
Kommt nicht immer zusammen
Muss man sich doch
Etwas mehr Gedanken machen
Darüber
Was man manifestieren will

Zufriedenheit
Kommt daher
Dass man abgeschlossen hat
Mit alten Kapiteln
Die man
Nun nicht mehr
Öffnen will
Oder kann
Lässt die Vergangenheit
Nun endlich hinter sich
Kann doch alles
Nur besser werden
Mit der Zeit

Die große Liebe
Finden wir erst
Wenn wir
Mit uns selbst im Reinen sind
Alles hinter uns gelassen haben
Was nicht mehr zu uns passt
Endlich aufgeben
Den Sinn zu suchen
Hinter dem Verhalten
Der anderen
Das uns verletzt hat
Und einige Rätsel aufwarf

Glück und Liebe
Die geteilt werden
Verdoppeln sich
Weil man dadurch
Endlich sehen kann
Was damals falsch lief
Man sich mit Menschen verband
Die auch gebrochen waren
Verdoppelte sich das Elend
Soll nun nicht mehr sein
Lässt nur noch
Glückliche Menschen
In deinem Leben sein

Gesichter
Und Köper
Sagen nichts darüber aus
Wie der Mensch beschaffen
Im Inneren
Kann sich darin doch
Ein Monster
Doch auch
Ein Engel verbergen
Lässt sich nicht bestimmen
Durchs Aussehen

Gedichte
Lassen sich nicht bremsen
Wenn sie
Der Wahrheit entsprechen
Können doch auch
Verstanden werden
Wie es dem Leser beliebt
Bei jedem etwas anderes
Sieht man
Was geschieht
Jeder fühlt sich verstanden
Niemand mehr
Der weint
Ist auch immer
Was anderes
Mit den Worten gemeint

Liebe lässt sich nicht finden
Wenn man danach sucht
Musst erst bereit sein
Alles hinter dir lassen
Die Trauma
Die Vergangenheit
Damit Neues
Erblühen kann
Im neuen Glanz
Wird alles wieder gut

Sicherheit findest du nur
Wenn du immer du selbst bist
Nicht vorgibst zu sein
Wer du nicht bist
Zwar immer vorsichtig
Doch immer am Lieben
Die Menschen
Die es verdient haben
In deinem Leben zu sein

Wenn du etwas
Nicht verstehst
Kannst du immer fragen
Allen
Immer alles sagen
Was dir
Auf dem Herzen liegt
Musst dich nicht verstecken
Niemand wird dich necken
Wenn du liebst
Die Welt
Um dich herum
Und die Menschen
Die du zu verstehen versuchst
Darfst fragen
Lachen
Auch kleine
Und große Fehler machen
Wissen
Dass man dir vergibt
Weil man sieht
Wie sehr du liebst

Freunde
Sollten immer für dich da sein
Sonst sind es keine
Nicht schlimm
Sich mal kurz
Mit den Falschen zu umgeben
Doch brauchst so nicht leben
Kannst gehen
Dahin
Wo du geliebt wirst
Von Herzen
Und man dich
Willkommen heißt
Mit all deinen Fehlern
Ecken
Und Kanten
Nicht verstecken
Musst du
Das
Was du bist
Bist ein Mensch
Der lernt
Immerzu

Glück lässt sich teilen
Braucht man doch nicht
Verweilen
Dort
Wo es keines gibt
Niemand jemand anderen liebt
Nur hasst
Und alle runtermacht
Geh dahin
Wo die Blumen blühen
Die Glühwürmchen glühen
In der Nacht
Tanz deine Tänze
Doch nicht immer alleine
Lässt sich doch Frieden finden
Und Liebe
Da
Nicht dort
Wo es keine gibt

Freundschaft
Lässt sich nicht erzwingen
Muss auch nicht gesucht werden
Bist nicht alleine
Wenn du jemanden
Wirklich braucht
Kommen immer neue
Menschen in dein Leben
Die dir geben
Was dir fehlt
Darfst nur nicht
Zu verbissen sein
Musst niemanden suchen
Kommen von allein

Gedichte
Und Frieden
Sind zwei Dinge
Die oft nicht
Beieinander liegen
Sind doch viele Autoren
Dazu geboren
Ihr Leiden zu teilen
Nicht alle wollen heilen
Mit Worten
Doch liegt auch
In Worten
Von Trauer
Und Leid
Etwas
Das alle vereint
Sich bereichern können
Jene
Die nun nicht mehr
Alleine sind
Trost finden
In den Worten
Der Autoren
Die dafür geboren
Zu lieben
Und geben
Sich zu öffnen
Für die anderen
Die leiden
Damit sie sehen können
Sie sind nicht allein
Und auch nie
Allein gewesen
Mit ihren Sorgen
Haben ihren Kummer

Nun verloren
Und fühlen
Sich geborgen

Lebensfreude
Kannst du genießen
Wenn du alles loslässt
Was nicht mehr
In dein Leben gehört
Loslässt
Wer dich zurückhält
Die Person zu werden
Die du geboren bist
Zu sein

Einsamkeit
Und Alleinsein
Sind zwei sehr unterschiedliche Dinge
In diesem Leben
Kann man sich
Doch auch einsam fühlen
Wenn man nicht allein ist
Sondern
Von Menschen umgeben
Die einem nichts sagen
Einem nichts geben
Keine Gesellschaft
Keine Liebe

Woanders
Kannst du Frieden finden
Lass dich nicht zurückhalten
Von Menschen
Die denken
Du wolltest
Doch nur dir selbst entfliehen
Weißt du doch selbst
Es sind die anderen
Die dich stören
Die einfach nicht
In dein Leben gehören

Glückseligkeit und Liebe
Sind Werte
Die wir lieben
Oft verfehlen
Im Geben
Wollen doch so leben
Doch verstehen nicht
Dass wir geben müssen
Um zu kriegen

Die Freunde
Von gestern
Können nicht
Die Freunde
Von heute sein
Sind sie doch
Nicht mehr verbunden
Mit deinem heutigen Leben
Haben dir
Nichts mehr zu geben
Müssen nun gehen
Andere Wege
Ein anderes Leben
Ohne dich
Du ohne sie
Nicht schlimm
Alles fügt sich
Wie es soll
Nun wird alles bunt
Nun wird alles toll

Nicht allen Menschen
Ist zu trauen
Gibt es doch viele
Die etwas verstecken
Nichts ganz
Sie selbst sind
Können nicht erkannt werden
Von jetzt auf gleich
Nur vertrauen
Nach langer Zeit
Nicht direkt
Volles Vertrauen schenken
An die Menschen
Die du nicht kennst

Nicht jede Beziehung
Ist glücklich
Nicht jede Beziehung
Ist echt
Gibt es doch so vieles
Das verborgen liegt
Ist nicht immer gerecht

Gedeutet werden
Können alle Situationen
In deinem Leben
Auf die verschiedensten Weisen
Muss doch vieles
Auch von unterschiedlichen Perspektiven
Betrachtet werden
Und nicht immer gleich
Kann man
Doch erst dann
Den vollen Sinn erschließen
Aus dem
Was ist geschehen

Gelacht
Hast du doch schon oft
In deinem Leben
Nur nicht immer
Ganz verstanden
Was gemeint war
Ist auch nicht schlimm
Nun nicht mehr
Ein Kind
Kannst verstehen
Nicht mehr blind
Kannst nun sehen
Auch die anderen Seiten
Die Doppeldeutigkeit
In den Witzen
Die du nie
Konntest verstehen

Freude
Gehört so sehr zum Leben
Wie der Hass
Nicht nur der Verlass
Darauf
Dass es so ist
Denn das Leben
Hat mehr zu geben
Müssen wir doch erleben
All unsere Emotionen

Dein Leben
Verändert sich
Erst dann
Wenn du aufgibst
Das
Was nicht mehr
Zu dir gehört
Vielleicht sogar
Schon lange nicht mehr
Hast es nicht gemerkt
Warst zu blind zu sehen
Konntest nicht verstehen
Was die ganz Zeit
Hätte müssen gehen

Wir gesunden
Wenn wir endlich
Den richtigen Weg finden
Uns nicht mehr verirren
Im Nirgendwo
Sind nicht mehr depressiv
Sind nicht mehr verloren
Sondern glücklich
Wenn wir endlich
Losgelassen haben
Unsere Ziele
Unsere Wünsche
Die Menschen
Um uns herum
Und die Dinge
Die einfach
Nicht mehr passen
In das neue Leben
Von dir

Den Glauben
Verlieren wir nicht
Auch wenn wir
Alles verlieren
Wir nicht mehr
So sind
Wie einst
Können
Doch wiedergefunden werden
Sind nicht verloren
Nur nicht
Wie einst

Ganz anders
Gestaltet sich dein Leben
Wenn du loslässt
Und gehst
Dahin
Wohin es dich treibt
In die weite Welt
Oder woanders hin
Hör nur zu
Was es sagt
Die ganze Zeit geschrien
Dein Herz
Weiß doch
Welche Aufgabe
Es zu erfüllen hat
In diesem Leben
Auf diesem Planeten

Zufrieden sein
Ist das größte Glück
Hat man doch endlich gefunden
Wonach man gesucht hat
Kann sich glücklich schätzen
Mit dem
Was man hat
Kann sagen
Man hat sein Bestes gegeben
In diesem Leben
Nun in Frieden
Mit sich selbst
Und der Welt
Den Rest seines Lebens
Genießen

Allen Illusionen
Sind Wahrheiten gewichen
Müssen sich
Nicht mehr verstecken
Wissen
Dass es
Nichts zu verstecken gibt
In der Realität
Die voller Glück sein kann
Wenn man nur
Die Augen aufmacht
Und sieht
Was vor einem geschieht
Nicht blind ist
In dem
Was man tut
Und endlich
Die richtigen Wege geht
Jene
Die zum Glück
Und zur Zufriedenheit führen
Endlich gefunden
Den Weg
Endlich am Ziel
Bleibt es nun
Nur noch
Zu genießen